AF563786

RÉORGANISATION

DES

THÉATRES

DES DÉPARTEMENTS

CAEN

IMPRIMERIE DE G. PHILIPPE, RUE FROIDE, 5

1863

RÉORGANISATION

DES

THÉATRES DES DÉPARTEMENTS

La situation misérable où sont tombés depuis longtemps les théâtres de la province a fini par attirer la sollicitude du Gouvernement, et l'on attend de jour en jour une nouvelle législation sur cette matière importante à plus d'un titre.

Défectueuse comme elle l'est, l'organisation actuelle ne devait pas manquer d'amener une décadence complète de l'art dramatique et une véritable déviation du goût public.

Les lois et règlements qui régissent les théâtres ont établi qu'aucune troupe ne peut exister qu'en vertu d'une autorisation du ministre d'État et sous la conduite d'un directeur nommé par lui. — Les localités ou le rayon dans lesquels l'exploitation doit s'exercer, sont fixés d'avance, et le directeur officiel a le droit de donner, à l'exclusion de tout autre, des représentations dans l'étendue de son privilége.

Le premier effet de ce système est d'imposer aux villes l'obligation de subir, sans pouvoir le remplacer, un directeur souvent incapable ou dénué de ressources; mais, c'est surtout au mode d'exploitation qui découle de l'existence du privilége que sont dus tous les désavantages du théâtre actuel, et comme les mêmes inconvénients peuvent accompagner la liberté des théâtres, si elle est appliquée aux villes, nous pensons qu'il n'est pas inutile de les indiquer ici.

Ils résultent du travail de formation des troupes pendant la durée de la saison théâtrale; de la formalité des débuts; de la multiplicité des genres imposés aux artistes, et de l'insuffisance des orchestres.

Pour s'en convaincre, il suffit d'observer ce qui se passe au commencement et pendant la durée d'une exploitation dramatique.

Le directeur, qui a tant bien que mal organisé sa troupe, appelle le public à ratifier son choix, et les débuts commencent. Mais, avec les débuts, commencent aussi les déceptions, et pour le chef de l'entreprise, qui a engagé ses artistes sans les connaître, et pour le public obligé de subir des représentations défectueuses, sinon par l'insuffisance des sujets, au moins sous le rapport de l'ensemble. Mais les débuts durent généralement plusieurs mois; des désordres plus ou moins graves en sont la conséquence, et comme beaucoup de gens sont peu jaloux d'assister à ces représentations, le théâtre reste en souffrance. Et puis, le temps absorbé par ces épreuves est précisément le meilleur de la saison.

D'ailleurs, l'utilité des débuts est fort contestable. L'effet ordinaire de cette formalité est d'amener le remplacement, par des artistes plus médiocres, de ceux que leur insuffisance ou quelque cabale a fait renvoyer. Souvent même ce remplacement n'a pas lieu et tel théâtre affiche hardiment des ouvrages pour l'exécution desquels les emplois les plus indispensables lui manquent. Sauf quelques exceptions, toutes les villes reconnaîtront que le premier obstacle à la prospérité de leurs théâtres résulte de la formation des troupes et des épreuves auxquelles elle donne lieu.

Un autre écueil, c'est la multiplicité des genres imposés aux artistes. Préoccupés avant tout d'alléger leurs charges, les directeurs ont depuis longtemps cessé de s'attacher le nombre des emplois indispensables à leur entreprise, et, cependant, avec un personnel incomplet, ils donnent la comédie, le drame, le vaudeville et l'opéra. Aussi qu'arrive-t-il; obligé de représenter tous les genres, l'acteur de province ne peut s'en assimiler aucun : Il est insuffisant dans tous. C'est pourquoi les véritables comédiens ont complétement disparu, et cette pénurie d'artistes explique les représentations continuelles des mélodrames et autres pièces du même genre qui ont envahi nos scènes. La bonne comédie, le vaudeville spirituel, ne pouvant être rendus par des sujets incapables, on a eu recours à des pièces à effet, d'une exécution souvent impossible, mais dont les titres sont un appas offert à la curiosité publique. Néanmoins, ces ouvrages ne peuvent supporter qu'une ou deux représentations. De là la nécessité d'un changement continuel; des pièces mal répétées, mal rendues, et un spectacle insipide.

Pour les représentations d'opéra, la précipitation apportée dans les répétitions permet rarement à l'accord de s'établir entre les chanteurs et l'orchestre qui, au lieu d'être pour ceux-ci un auxiliaire, concourt au contraire à rendre la représentation plus mauvaise. Aussi, de quelles imprécations les directeurs n'ont-ils pas chargé ce genre, auquel ils attribuent toutes leurs infortunes ! Beaucoup sont arrivés à l'exclure complétement de leur répertoire ou le peu qu'ils en ont conservé est plus nuisible qu'utile à l'art.

Ce n'est pas d'aujourd'hui que l'état précaire des théâtres occupe l'attention du Gouvernement. A l'époque de la Révolution de 1830, on appela les lumières d'une commission spéciale pour la formation d'un nouveau Code, et, en 1849, une enquête à laquelle prirent part des légistes, des artistes et des littérateurs, fut chargée d'une mission semblable, mais ces travaux restèrent sans effet et rien ne fut changé à une organisation dont les résultats sont maintenant condamnés.

On a proposé comme une amélioration, l'administration de leurs théâtres par les villes, ainsi que l'augmentation du chiffre des subventions ; mais ces moyens laissant subsister tous les inconvénients du régime actuel, la composition des troupes, les débuts et la multiplicité des genres, c'est-à-dire les véritables causes du mal, il n'y a pas lieu de les discuter et nous arrivons aux innovations qui nous semblent destinées à rendre aux théâtres la vie qui leur manque.

C'est d'abord la création, sur une vaste échelle, de troupes ou compagnies ambulantes, en nombre suffisant et sous la conduite de directeurs nommés par le Gouvernement ;

La suppression du classement des troupes en troupes d'arrondissement et en troupes sédentaires ;

Et enfin l'organisation et l'entretien des orchestres, par les villes.

L'institution des troupes ambulantes existe déjà, mais considérablement restreinte par l'ordonnance royale de 1824 qui leur laisse seulement l'exploitation des localités ne faisant partie d'aucun arrondissement. Aussitôt le privilége des directeurs sédentaires ou d'arrondissement supprimé, ces troupes s'organiseront pour se répandre et desservir les théâtres des départements. Or leur mode de fonctionnement possède de grands avantages. Leur personnel varie peu ; leur ensemble est complet ; on n'a plus alors à subir les lenteurs que nécessitaient la formation des troupes ; les débuts n'ont plus de raison d'être et les représentations se succèdent sans entraves : l'habitude de figurer dans les mêmes rôles fait renaître les spécialités parmi les artistes, et les compagnies ambulantes atteignent rapidement un degré de supériorité que chercheraient en vain les troupes sédentaires incomplètes et composées d'éléments disparates.

Ajoutons que les troupes ambulantes peuvent jouer dès leur arrivée, car leur répertoire est toujours prêt. De plus la durée de leur séjour dans une localité ne pourra en rien influer sur celle de la saison théâtrale, le départ de l'une pouvant toujours coïncider avec l'arrivée d'une autre ; il y aura des troupes de différents genres et la comédie, le ballet, l'opéra, etc., pourront être représentés dans une foule de lieux dont l'exploitation était impossible auparavant.

Déjà certaines troupes ont parcouru la France avec un matériel complet en costumes et même en décors, mais comme le plus clair de leurs bénéfices était encaissé par les directeurs privilégiés sédentaires, la rareté de leurs apparitions s'explique naturellement : Que toutes les villes leur soient ouvertes et l'on verra se développer les bienfaits dont un tel principe contient le germe.

Nous avons parlé des orchestres. Ils sont tombés aussi bas que les théâtres, et cela tient encore à leur organisation.

On sait comment un directeur recrute son orchestre. Il engage quelques chefs de pupitre, puis les renforce ou plutôt les affaiblit en leur adjoignant d'autres instrumentistes qui font nombre, il est vrai, mais que leur talent rend assez faciles sur la question du traitement. Souvent, certaines parties indispensables sont supprimées. Quelquefois même les musiciens mal payés refusent leur service et par toutes ces causes le spectacle est mauvais.

Que les villes paient leurs orchestres et choisissent leurs musiciens, alors toutes ces difficultés disparaissent. Les artistes sont les premiers à s'associer à une institution qui leur offre une sécurité complète : Un ensemble durable s'établit dans l'orchestre qui devient accessible aux élèves des écoles instrumentales. Ceux-ci trouvent là un but réel à leurs études et l'on comprend la raison d'être de ces écoles, dont les résultats ont jusqu'ici peu répondu aux frais qu'elles nécessitent.

Ce n'est pas seulement au point de vue du Théâtre que cette création est désirable ; l'art musical y trouverait un puissant auxiliaire. Partout, en province, la musique est en décadence. Tolérée à grand peine dans les établisements d'éducation, elle a cessé peu à peu d'être l'objet d'études sérieuses. Faute d'éléments suffisants, les villes voient leurs sociétés philharmoniques se dissoudre. C'est que le véritable noyau de ces réunions est tout entier dans les orchestres des théâtres, et le jour où ceux-ci fonctionneront, alors seulement les concerts redeviendront possibles.

Si l'on trouve que l'avantage offert aux comédiens par la prestation d'un orchestre est une subvention imposée aux villes, on devra remarquer qu'aujourd'hui, presque toutes subventionnent, les unes par le don de l'éclairage ou la jouissance gratuite de leurs salles; les autres par des attributions de fonds. Or qui empêche qu'en fournissant leurs orchestres, les administrations locales ne reprennent ces avantages? Au surplus, si des subventions continuent à être nécessaires, ce qui est peu probable avec l'adoption du système des troupes ambulantes, elles seront toujours plus efficaces en nature qu'en argent, car, dans ce dernier cas, le contrôle en est toujours très-difficile.

Ce que nous proposons est donc une extension de l'exploitation théâtrale. C'est la faculté, pour chaque ville, d'appeler ou de recevoir chez elle telle troupe que sa réputation lui aura signalée et pour celle-ci l'avantage de n'avoir à compter avec aucun directeur établi d'avance.

La nomination des nouveaux directeurs par le gouvernement serait une sécurité pour l'engagement des artistes et la réussite de l'entreprise, car les directeurs ainsi désignés peuvent être obligés à fournir des garanties utiles à leur exploitation.

Quant à la liberté absolue des théâtres, il est permis de douter qu'elle soit avantageuse pour les départements.

Dans ce système, chacun a le droit de s'improviser directeur, d'ouvrir un théâtre et de jouer partout où bon lui semble.

Décrétée en 1791, cette mesure favorisa la création d'une foule de petits théâtres qui jouaient dans des échoppes les pièces des meilleurs auteurs. On ne tarda pas à constater dans le niveau de l'art un abaissement sensible. Aucun artiste de mérite ne surgit de la foule des sujets qui se produisirent et les mauvaises pièces se multiplièrent à l'infini. Enfin, des faillites continuelles et la ruine de la plupart des entreprises amenèrent une législation restrictive à laquelle on doit rattacher la supériorité du Théâtre en France. Mais, si la liberté des théâtres peut être favorablement appliquée à Paris, pour les départements elle offre deux inconvénients manifestes.

D'abord c'est un obstacle à la prospérité des entreprises sérieuses. La concurrence inévitable qui s'établira entre les entrepreneurs enlevera alternativement ses ressources à chaque spectacle. Guerre de réclames et d'affiches, détournement des artistes et des musiciens, etc.; l'imagination des Directeurs n'oubliera rien pour accaparer la faveur du public. Mais si déjà les villes qui possèdent deux théâtres ont beaucoup de peine à les faire vivre, qu'attendre d'un régime qui en permettra une multiplication infinie? Ce dont il s'agit ici, c'est non pas d'augmenter le nombre des théâtres, c'est de rendre meilleurs ceux qui existent, et la liberté absolue ne tardera pas, croyons-nous, à faire abandonner les théâtres sérieux pour les cafés chantants et autres établissements du même genre, où l'art n'est plus qu'un passe-temps offert au désœuvrement et un appoint à la consommation.

Mais la prosperité des entreprises n'est pas seule en question.

Si les spectacles sont une institution destinée à favoriser l'essor du goût et de l'intelligence, il ne faut pas que leurs interprètes aient à redouter une concurrence dangereuse. Il ne faut pas que les tréteaux deviennent des succursales des théâtres. Dans de telles conditions l'institution du Théâtre est faussée; le peuple s'habitue à se contenter du médiocre et l'on a à craindre un résultat tout opposé à la haute mission que s'est donnée le gouvernement actuel, qui est de développer l'éducation publique dans tous les genres; aussi doit-on encourager autant que possible le développement des troupes ambulantes qui, créées en nombre suffisant, auront tous les moyens de répondre aux besoins actuels.

Il n'est peut-être pas inutile, en terminant, d'appeler l'attention sur un abus qui, pour être ancien n'en est pas plus justifiable; nous voulons parler du droit des pauvres.

Ce droit consiste dans la faculté donnée aux hospices et aux bureaux de bienfaisance, de prélever sur les spectacles le dixième de leurs recettes brutes. Cet usage fut institué pour indemniser les églises de la diminution des aumônes résultant de ce que les représentations avaient lieu pendant le service divin (1). Les subventions fu-

(1) Les ordres religieux qui se prétendaient indigents réclamèrent

rent ensuite accordées aux hospices et aux bureaux de bienfaisance. Mais l'industrie dramatique est, comme toute autre, soumise à des chances de gain, de pertes, et aucune raison ne justifie le prélèvement de la dîme de ses profits ni leur attribution à des institutions auxquelles elle ne doit rien. Les théâtres n'ont jamais trop de toutes leurs ressources, et les leur enlever, c'est nuire à leur prospérité.

Nous ne savons si les théâtres de province seront l'objet de dispositions spéciales.

Mais dans tous les cas, un nouvel état de choses est d'une grande importance, car, pour qui observe, il y a longtemps que la province a cessé de compter dans le mouvement artistique. Ses concours d'orphéons, ses sociétés de beaux-arts, ses expositions, tout cela prouve chez elle des aspirations légitimes, mais trop souvent déçues. De toutes ces institutions, son théâtre est la plus utile, il réunit le prestige

aussi une part de cet impôt. En 1686, les religieux Cordeliers adressèrent à cet effet une requête aux comédiens français. « L'honneur qu'ils ont d'être vos voisins, disaient-ils, leur fait espérer que vous leur accorderez l'effet de leurs prières qu'ils redoubleront envers le Seigneur *pour la prospérité de votre chère compagnie.* » Et les comédiens leur accordèrent 36 livres par an. Les Capucins et autres couvents pauvres reçurent à peu près les mêmes avantages.

de la peinture, de la littérature et de la musique; qu'on le relève, qu'on le mette surtout à la portée de tous en établissant des salles plus grandes avec des places moins chères et surtout plus commodes; c'est alors qu'il sera donné aux villes de faire un pas vers cette fameuse décentralisation artistique qui jusque-là existera seulement dans les colonnes de leurs journaux.

VALERY FERON.

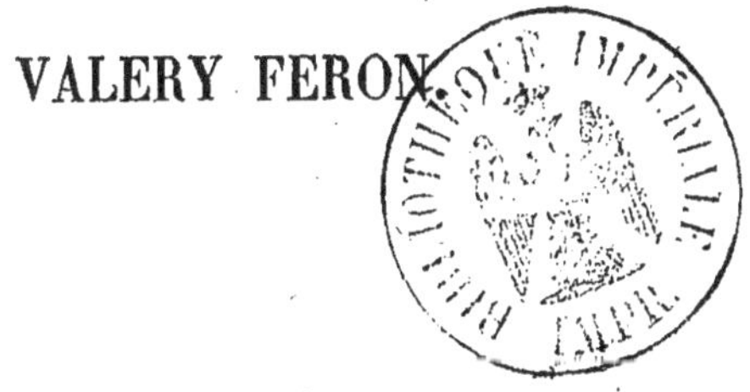

Caen, imp. G. Philippe

www.ingramcontent.com/pod-product-compliance
Lightning Source LLC
LaVergne TN
LVHW010325230826
846091LV00009B/3761
* 9 7 8 2 0 1 9 9 3 5 6 7 2 *